AF324468

SUJET DES AMOURS DE BACHVS ET D'ARIANE,

COMEDIE HEROYQVE.

Repreſentée par les ſeuls Comediens du Roy.

A PARIS,

Chez la Veuve Claude Blageart, Court-neuve
du Palais, au Dauphin.

M. DC. LXXXV.

AVEC PRIVILEGE DV ROY.

SUJET
DES
AMOURS DE BACHUS
ET D'ARIANE.

COMEDIE HEROYQVE.

TOUS ceux qui ont parlé de Bachus dans leurs Ecrits, l'ont dépeint comme un Dieu auſſi charmant que l'Amour, & qui devoit eſtre toûjours beau, toûjours jeune, & toûjours vainqueur. Tout l'Orient vaincu a eſté forcé d'admirer ſa valeur. Il s'eſt fait connoiſtre en Egypte, en Syrie, en Phrygie, & en Thrace. Il a fait part de ſes Sciences à toutes les Nations. Il a conquis les Indes, & c'eſt luy qui le premier a trouvé l'admirable invention de la Vigne. Il vient à l'ouverture de cette Piece dans l'Isle de Naxe à son retour de la conqueste des Indes. Cette Isle n'estoit point deserte ; & quand Ovide a dit le contraire, ce n'estoit que pour avoir lieu de faire une belle Epitre, & qui fust plus patetique. Tous les Autheurs qui en ont parlé, ne sont pas de ce sentiment, & nomment les Rois qui y ont regné jusques à l'arrivée de Thesée : Bachus luy-mesme y avoit esté élevé par les Nimphes Gnide, Coronis, & Philis. S'il estoit permis de dire icy bien des choses, on prouveroit par la Fable mesme, que Thesée doit avoir le caractere qu'on luy voit dans cette Piece, aussi-bien que son retour precipité qu'on n'a fait qu'avancer. On justifieroit aussi le caractere de Corcine, qui dans la Fable estant Nourrice d'Ariane, pouvoit luy parler avec autant de liberté qu'elle fait dans cette Piece. Quant au prompt changement d'Ariane pour Bachus, outre qu'il est veritable, il est tres-vray semblable qu'une Femme quitte un Mortel qui ne l'aime plus pour un Dieu dont elle est aimée. L'amour & l'ambition causent tous les jours des choses bien surprenantes. Avant qu'on leve la Toille, on

entend

entend une Ouverture faite exprés pour cette
Piece, des plus belles qu'on ait encor oüies, &
qui doit faire juger de la beauté des Airs qui
doivent suivre. Ils sont de Monsieur de Lal-
loüette, Eleve de Monsieur de Lully, & qui
travaille dans le goust de cet Homme tout mer-
veilleux ; & qui a porté la Musique jusques au
plus haut point, où elle puisse aller.

PROLOGUE

LE Theatre represente l'Isle de Naxe. Mercure paroist en l'air, & dit aux Habitans de se preparer pour aller au devant de Bachus, qui doit bien-tost arriver dans leur Isle. Tandis que ce Dieu parle, on les voit s'avancer de tous côtez ; & Mercure ayant disparu, ils commencent leurs réjoüissances. Ils sont troublez par Junon qui paroist dans le Ciel. Cette Déesse ennemie de Bachus, commande aux Habitans de se retirer, ce qu'ils font en donnant des marques de leur frayeur. Elle fait sçavoir les sujets de plainte qu'elle a contre son Epoux, & est aussi interrompuë par l'Amour qui la raille, & l'oblige à se retirer à son tour. Ce Dieu rappelle les Habitans, qui n'avancent d'abord qu'en tremblant, & en regardant si Junon ne paroist plus. Ils témoignent tout d'un coup la joye qu'ils ont de ne la

plus voir , & deux Habitans commencent le
Dialogue qui suit.

DIALOGUE
DE DEUX HABITANS.

Tous deux ensemble.

LEs Dieux l'ont ordonné, celebrons ce grand
    jour,
Et qu'on en garde à jamais la memoire.
L'Hymen pour croistre nostre gloire,
Doit unir en ces lieux & Bachus & l'Amour.

I. HABITANT.

Cherchons ce Dieu si plein de charmes,
Qui vient pour honorer ces lieux.

II. HABITANT.

C'est le plus aimable des Dieux,
Faisons des Jeux en l'honneur de ses Armes.

Ensemble

Allons, & nous divertissons:

Meslons nos Jeux & nos Chansons,
Et faisons s'il se peut encore davantage.

I. HABITANT.

Bannissons d'icy les Soûpirs,
Unissons les Plaisirs,
Pour luy rendre un plus digne hommage.

II. HABITANT.

L'Amour soûmet Bachus au pouvoir de ses feux,
Et n'emporta jamais une telle victoire.

I. HABITANT.

Et Bachus qui le rend favorable à ses vœux,
Dans ses derniers combats merita moins de gloire.

Ensemble.

Les Dieux l'ont ordonné, celebrons ce grand jour,
Et qu'on en garde à jamais la memoire:
L'Hymen pour croistre nostre gloire,
Doit unir en ces lieux & Bachus & l'Amour.

Ce Dialogue finy, ils donnent de diverses manieres, de nouvelles marques de leur joye, ensuite dequoy une Habitante de l'Isle chante la Chanson que voicy.

CHANSON.

S Vivons les loix de l'Empire amoureux.
　　　　Plus une Belle,
　　　　Fait la cruelle,
Et plus l'Amour luy fait sentir ses feux ;
　　　　Avoir une ame,
　　　　Que rien n'enflâme,
C'est mépriser le pouvoir de l'amour.
Nous allons voir un Dieu tout plein de flâme,
Qui le ressent, puis qu'il aime à son tour.

ACTE I.

ON voit une vaste Mer qui paroist d'abord tranquille, & qui s'émeut peu à peu. C'est sur ses bords qu'Ariane vient chercher Thesée, se plaindre de sa fuite, & qu'elle fait voir l'état de son ame à Corcine qui survient. On découvre un Vaisseau magnifique, & cette Amante le prend d'abord pour celuy de Thesée ; mais elle est bientost détrompée. Elle se retire à l'écart avec Corcine, pour tâcher à découvrir qui sont ceux dont l'Equipage paroist si superbe. Bachus arrive dans un Vaisseau tel qu'on dépeint celuy de ce Dieu. Il est tout brillant d'or & de verdure ; des feüilles de Vigne & des Grapes de Raisin y pendent de tous costez. On y voit une Fontaine de vin, &

les voiles de ce Vaisseau sont vermeilles. Bachus en sort accompagné de Comus Dieu des Festins, & de plusieurs Silvains, Pans, Egipans, Satires & Bachantes, tenant tous des Tirses. Deux petits Silvains & deux petites Bachantes, portent dans de riches Corbeilles des Premices de Fleurs & de Fruits, qu'on avoit accoutumé de porter devant Bachus. Son débarquement se fait au bruit de plusieurs Instrumens d'airain de diverses manieres, & de tous ceux qui sont dépeints dans les Bachanales. Aprés ce commencement de Réjoüissances pour l'heureuse arrivée de Bachus, un des Suivans de ce Dieu, chante cette Chanson.

CHANSON.

C'Est icy qu'apres ses Conquestes,
Bachus vient chercher du repos,
Et que pour couronner ses glorieux travaux,
L'Amour luy prepare des Festes.
Qu'il aura de plaisir dans cet heureux séjour,
Et qu'il est doux apres une Victoire
De venir tout couvert de gloire
Se délasser dans les bras de l'Amour!

Bachus leur ordonne d'aller visiter les belles Vignes de l'Isle où ils viennent d'arriver. Ils en témoignent leur joye, & une des Bachantes chante les paroles suivantes en s'adressant à Bachus.

CHANSON.

Aimez, suivez vostre tendresse,
C'est l'Amour qui vous en presse.
Au sortir des Combats,
On ne doit songer qu'à plaire.
Vn jeune cœur n'a rien à faire,
Quand il n'aime pas.

Aprés cette Chanson ils se retirent tous, & laissent Bachus accompagné de Comus, avec lequel il s'entretient de son amour pour Ariane. Il le declare ensuite à cette Princesse, & Corcine devient amoureuse de Comus. Ariane ne laisse qu'un leger espoir à Bachus, & Corcine demeurant seule avec elle, n'oublie rien pour luy persuader de donner son cœur à un Dieu, qui doit estre toûjours beau, & toûjours jeune. Un Habitant leur vient dire que le vent a rejetté Thesée dans le Port. Ariane commence à peine à raisonner

fonner, fur cette avanture, qu'elle eſt obligée de
ſe retirer, eſtant interrompuë par tous ceux de
la ſuite de Bachus, qui ayant viſité les Vignes
de l'Iſle, & beu de ſes bons Vins, en paroiſſent
beaucoup plus gais, & qui échauffez par les va-
peurs du Vin, font des figures qui marquent
une partie des emportemens dont nous par-
lent ceux qui ont décrit les Bachanalles. Un Silvain & une Bachante, chantent enſemble la
Chanſon ſuivante.

CHANSON.

AH quel plaiſir d'eſtre en ces lieux!
Que le vin en eſt bon, qu'il eſt délicieux.
        Il bannit la triſteſſe,
        Et la divine fureur
        Qu'inſpire cette liqueur,
        Rameine l'allegreſſe.
        Son pouvoir eſt divin,
Et les plus grands plaiſirs ſe trouvent dans le vin.

La ſuite de Bachus recommence à faire des
figures comme auparavant, & le Silvain & la
Bachante chantent enſuite ce ſecond Couplet.

Ah que tout charme icy nos ſens !
Qu'on y voit de beaux yeux ! qu'ils ont d'attraits
  puiſſans !
      Que faut-il davantage ?
      L'Amour eſt froid ſans Bachus,
      Et ſon admirable ĩus,
      Echauffe le courage.
      Son pouvoir eſt divin,
Et les plus grands plaiſirs ſe trouvent dans le vin.

ACTE II.

O N ne peut rien voir de plus nouveau
sur la Scene , que la Décoration de
cet Acte , puis qu'elle represente un
Theatre tout remply de Vignes &
de Raisins. C'est dans ce lieu que Thesée découvre à son Amy Piritohus le sujet qui l'avoit obli-
gé de quitter Ariane , pour laquelle il marque
que sa passion est refroidie. Mais elle se réveil-
le en apprenant que Bachus soûpire pour cette
Princesse ; ce qui l'oblige à s'aller jetter à ses ge-
noux , au lieu de l'eviter comme il l'avoit resolu.
Il regagne son cœur , & elle luy promet qu'elle ostera à Bachus tout l'espoir qu'elle luy a lais-
sé prendre. Elle découvre à ce Dieu avec beaucoup de respect , la foiblesse qu'elle a pour The-

fée ; & il luy répond d'une maniere qui l'embarasse beaucoup. Corcine veut persuader à Ariane, que Thesée est jaloux sans amour, & qu'il ne veut regagner son cœur que par un motif de gloire, & pour avoir l'avantage de l'oster à Bachus ; mais Ariane n'en veut rien croire. Mercure tâche à la persuader d'aimer Bachus ; mais elle fait voir une constance invincible, & Mercure remonte au Ciel pour aller rendre compte de son Message à Jupiter : Comus ameine toute la suite de Bachus, pour rendre hommage à Ariane, comme à la Maitresse de ce Dieu, & on chante la Chanson qui suit.

CHANSON.

Venez admirer les charmes
De celle à qui Bachus rend aujourd'huy les armes.
Quoy qu'en tous lieux il ait esté vainqueur,
Et qu'il soit tout couvert de gloire,
La conqueste de son cœur
Sera sa plus belle victoire.

Tous les Suivans de Bachus revestus d'habits plus magnifiques qu'à leur débarquement, entrent de chaque costé du Theatre

tre en admirant Ariane, & en s'inclinant comme pour luy rendre hommage. Ils approchent tous prés d'elle, & avec des Festons de Fleurs font plusieurs figures agreables, & qui marquent leur respect, & leur veneration pour cette Princesse. Ils forment aussi avec leurs Thirses & ces Festons, un Berceau tres-agreable. Ceux qui portent les Corbeilles de Fruits & de Fleurs, les posent aux deux costez de ce Berceau, & se mettent entre-elles. Les Suivans de Bachus invitent Ariane d'y entrer, ce qu'elle semble refuser. L'Amour sort du fonds du Berceau, & aprés luy avoir parlé à l'avantage de Bachus, il la fait asseoir prés de luy. Un Silvain & une Bachante, chantent ensuite ce Dialogue.

DIALOGUE.

La Bachante.

Aimez Bachus, aimez ce Dieu charmant,
Vn Dieu n'aimast-il qu'un moment,
D'un immortel honneur cette gloire est suivie,
Et ses amours
Répandent sur nostre vie
Vn éclat qui dure toûjours.

E

Le Sylvain.

Aimez un Dieu tout plein de gloire.

La Bachante.

Répondez à son ardeur.

Le Sylvain.

Au Favory de la Victoire,
Ne refusez pas voftre cœur.

La Bachante.

Aimez un Dieu qui vous en preffe.

Le Sylvain.

Ecoutez un fi beau feu.

La Bachante.

L'Amour n'eft point une foiblesse,
Quand on brûle pour un Dieu.

Enfemble.

Aimez Bachus, aimez ce Dieu charmant:
Vn Dieu n'aimaft-il qu'un moment,
D'un immortel honneur cette flâme eft fuivie.
Et fes amours
Répandent fur noftre vie
Vn éclat qui dure toûjours.

Deux petits Silvains & deux petites Bachantes, font plufieurs figures pendant que les Violons joüent un Menuet, fur lequel un des Suivans de Bachus chante ces Paroles.

MENUET

QV'il est doux de se voir aimée,
Qu'il est doux d'abandonner son cœur,
Quand l'amour dont on est enflâmée
Est pour un adorable Vainqueur.
Qu'il est doux de se voir aimée,
Qu'il est doux d'abandonner son cœur;
Et quand l'ame se sent charmée,
De brûler d'une fidelle ardeur.

Quel plaisir d'aimer dans la vie
Quel plaisir d'en goûter les douceurs.
Sans amour tout languit, tout ennuye,
L'amour est le doux charme des cœurs.
Quel plaisir d'aimer dans la vie,
Quel plaisir d'en goûter les douceurs,
Quelque chaîne dont l'amour lie,
Sans plaisirs, il n'a point de rigueurs.

Ariane remercie Bachus de cette galanterie, & l'Amour ayant encor parlé à Ariane, cette Feste finit.

ACTE III.

N riche Palais fait la Décoration de cet Acte. Corcine explique pour quelles raisons Ariane y demeure. Elle tâche ensuite de faire comprendre à Comus la passion qu'elle a pour luy; mais ce Dieu ne sentant rien pour elle, ne veut pas l'entendre, ce qui produit un jeu assez agreable. Thesée ne craignant plus tant que Bachus luy enleve le cœur d'Ariane, sent diminuer son amour, & continuë dans cette Scene à faire paroistre son caractere. Ariane luy vient dire qu'elle est preste à l'épouser, ce qu'il apprend avec froideur. Elle s'en apperçoit, & commence à connoistre que ce que Corcine luy a dit dans le second Acte, estoit vray, & qu'il estoit

seulement

seulement jaloux par gloire & sans amour. Elle
éclate, & luy dit qu'elle va épouser Bachus.
Thesée témoigne à Piritohus qu'il n'apprehen-
de point ses menaces, & que tout ce grand dépit marque qu'elle a encore de l'amour pour
luy. Il en est détrompé par Corcine, qui luy apprend qu'en le quittant Ariane a rencontré Bachus, & que pleine de son dépit, elle a consenty
à l'épouser. Il est aisé de s'imaginer combien ce
coup luy est sensible. Il en donne des marques,
& pour mettre en quelque façon sa gloire à couvert, en faisant voir que d'autres l'aiment, il se
resout d'aller trouver Eglé, dont il croit estre
passionnément aimé; mais comme il estoit im-
possible que le bruit de l'Enlevement d'Ariane
ne fust répandu par tout, il reçoit un Billet d'E-
glé, par un de ceux qu'il avoit envoyé vers elle,
dans le temps qu'il commençoit à moins aimer
Ariane. Cette Nimphe luy fait connoistre qu'-
ayant sceu son infidelité, elle a donné son cœur
à un autre. Son desespoir est d'autant plus grand,
qu'il ne s'attendoit pas a cette nouvelle. Piritohus l'emmeine, afin qu'Ariane qui s'avance
avec Bachus, n'ait pas l'avantage de joüir du
plaisir de voir sa douleur. Ils viennent au son de

tous les Inſtrumens de la Suite de Bachus. Deux petites Bachantes font leur Epitalame. Le Tonnerre ſe fait entendre, & le Ciel s'ouvre. Jupiter paroiſt dans un Palais magnifique. Junon eſt à coſté de luy ; & l'Amour eſt au milieu d'eux. Jupiter commande aux Amours d'apporter la Couronne que Bachus receut autrefois de Venus, & de la tenir en l'air, juſqu'à ce qu'il ordonne ce qu'il en veut faire en faveur d'Ariane. Deux Amours paroiſſent en l'air, & ſoûtiennent une grande Couronne de Pierreries, de maniere que la veuë eſt occupée en meſme temps par trois differens ſpectacles. Junon témoigne à Bachus, que pour plaire à ſon Epoux, elle n'a plus de haine pour luy, & l'Amour fait connoiſtre qu'il les a bien réünis enſemble. Les Satyres, les Bachantes, les Coribantes & les Egipans, témoignent la joye qu'ils ont de ce Mariage, & chantent cette Sarabande, dont ils entremeſlent les deux Couplets de diverſes figures.

SARABANDE.

IL eſt un jour
Où le cœur devient tendre

Contre l'amour
On ne peut se defendre,
Il a son tour,
Il faut enfin se rendre.

Tout est charmant
Dans l'amoureux empire,
Quoy qu'un Amant
Souffre quand il soûpire,
Vn doux moment,
Finit un long martire.

Cette Sarabande finie, les Violons commencent une Gavote, & les Suivans de Bachus plantent leurs Thirses en terre à diverses reprises, & en forment des Allées, des Hayes, des Berceaux & des Portiques de verdure, & l'on chante les Paroles suivantes.

GAVOTE.

LE Ciel remplit vostre envie,
Tout vous rit heureux Epoux.
Voicy les jours de la vie,
Qui paroissent les plus doux.
L'amour fait verser des larmes,

Mesme aux plus heureux Amans,
Les plaisirs ont plus de charmes
Quand ils suivent les tourmens.

L'Amour n'est jamais sans peines,
Il fait pousser des soûpirs.
Mais on trouve dans ses chaînes
Le plus charmant des Plaisirs.
Il n'est pas toûjours rébelle,
Il récompense nos feux.
La Beauté la plus cruelle,
Bien souvent fait des heureux.

Jupiter ordonne que la Couronne qui est en l'air se change en Etoilles, afin qu'on se souvienne eternellement d'Ariane. Les Amours qui la soûtenoient s'envolent aussi-tost, & il ne reste plus qu'une Couronne d'Etoilles. Ariane marque sa surprise & sa reconnoissance, le bruit des Instrumens recommence, & la Piece finit.

F I N.

On avertit que ce Livre ne se vend que trois Pieces de trois sols.